AF188162

Impressum
Verlag: BABADADA GmbH, Nedderfeld 112 , 22529 Hamburg
Geschäftsführer / Verlagsleitung: Harald Hof
Druck: Books on Demand GmbH, In de Tarpen 42, 22848 Norderstedt

Imprint
Publisher: BABADADA GmbH, Nedderfeld 112 , 22529 Hamburg, Germany
Managing Director / Publishing direction: Harald Hof
Print: Books on Demand GmbH, In de Tarpen 42, 22848 Norderstedt, Germany

school

escuela

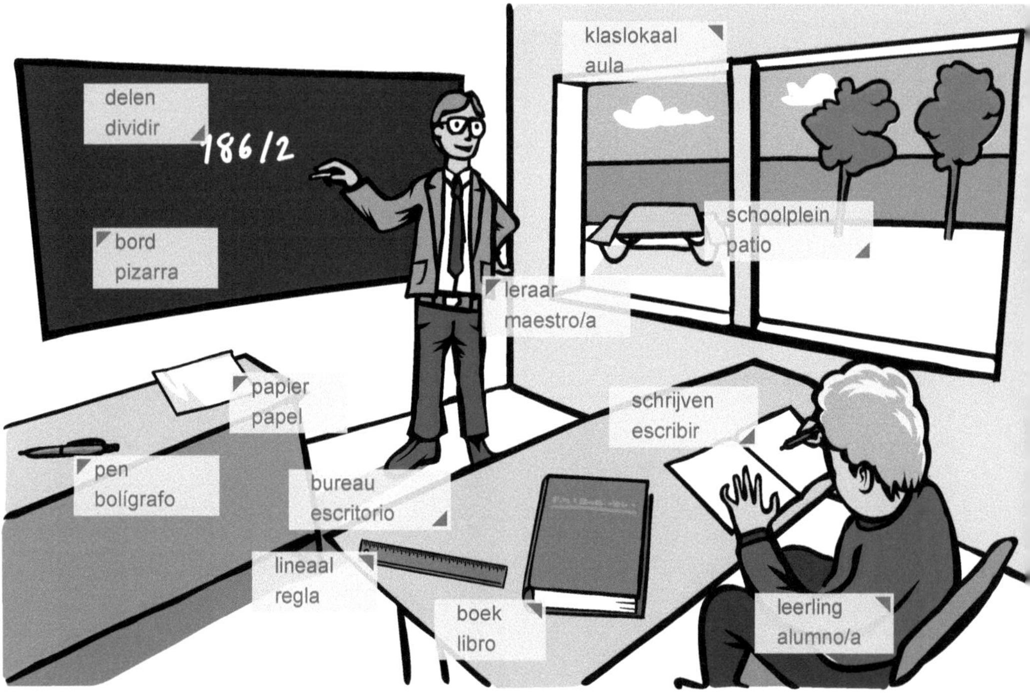
klaslokaal
aula
delen
dividir
186/2
bord
pizarra
schoolplein
patio
leraar
maestro/a
papier
papel
schrijven
escribir
pen
bolígrafo
bureau
escritorio
lineaal
regla
boek
libro
leerling
alumno/a

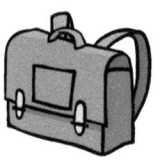

schooltas
cartera

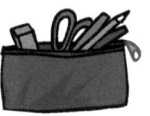

etui
caja de lápices

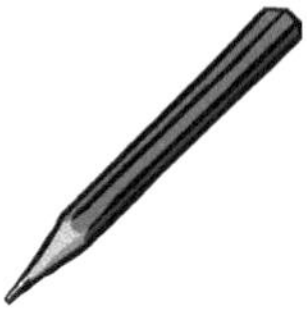

potlood
lápiz

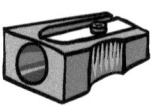

puntenslijper
sacapuntas

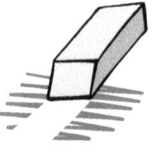

gum
goma de borrar

schetsblok
cuaderno de dibujo

tekening

dibujo

penseel

pincel

verfdoos

caja de pinturas

schaar

tijeras

lijm

pegamento

schrift

cuaderno de ejercicios

huiswerk

deberes

getal

número

optellen

sumar

aftrekken

restar

vermenigvuldigen

multiplicar

rekenen

calcular

letter

letra

alfabet

alfabeto

woord

palabra

tekst

texto

lezen

leer

krijt

tiza

les

lección

klassenboek

cuaderno de notas

examen

examen

diploma

certificado

schooluniform

uniforme escolar

opleiding

educación

encyclopedie

enciclopedia

universiteit

universidad

microscoop

microscopio

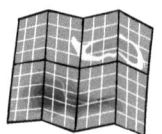

kaart

mapa

prullenmand

papelera

hotel
hotel

Grand

hostel
albergue

ROOMS

wisselkantoor
oficina de cambio de divisas

EXCHANGE

koffer
maleta

auto
coche

taal
idioma

ja / nee
sí / no

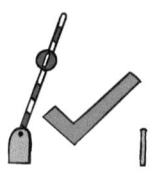

oké
Vale

Hallo!
hola

tolk
traductor

Bedankt.
Gracias

Wat kost ...?

¿cuánto es…?

Ik begrijp het niet.

No entiendo

probleem

problema

Goedenavond!

¡Buenas tardes!

Goedemorgen!

¡Buenos días!

Goedenacht!

¡Buenas noches!

Tot ziens!

adiós

richting

dirección

bagage

equipaje

tas

bolsa

rugzak

mochila

gast

invitado

kamer

habitación

slaapzak

saco de dormir

tent

tienda de campaña

VVV-kantoor

información turística

strand

playa

creditkaart

tarjeta de crédito

ontbijt

desayuno

lunch

almuerzo

diner

cena

kaartje

billete

lift

ascensor

postzegel

sello

grens

frontera

douane

aduana

ambassade

embajada

visum

visa

paspoort

pasaporte

transport
transporte

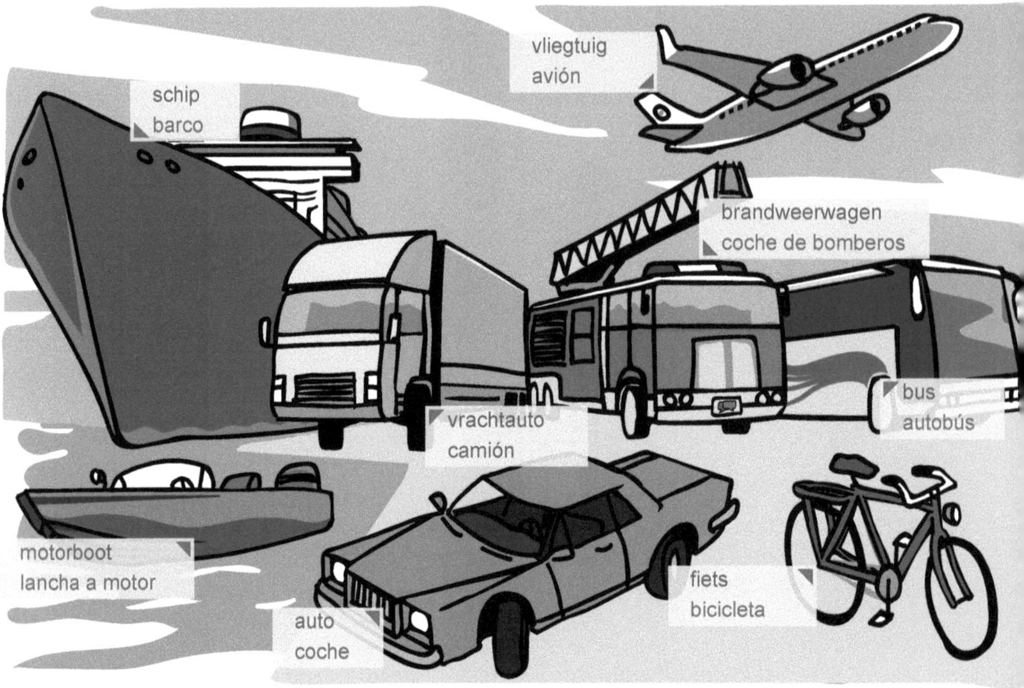
vliegtuig
avión
schip
barco
brandweerwagen
coche de bomberos
bus
autobús
vrachtauto
camión
motorboot
lancha a motor
fiets
bicicleta
auto
coche

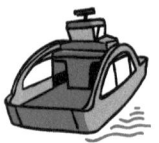

veerboot

transbordador

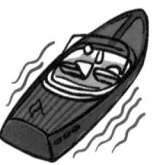

boot

barca

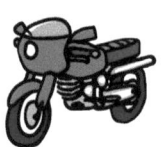

motorfiets

moto

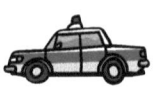

politiewagen

coche de policía

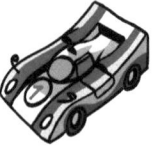

raceauto

coche de carreras

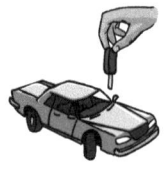

huurauto

coche de alquiler

carsharing

préstamo de vehículos

takelwagen

grúa

vuilniswagen

camión de la basura

motor

motor

benzine

gasolina

benzinepomp

gasolinera

verkeersbord

señal de tráfico

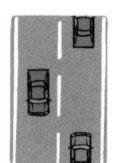

verkeer

tráfico

file

atasco

parkeerplaats

aparcamiento

station

estación de tren

rails

vías

trein

tren

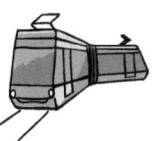

tram

tranvía

wagon

vagón

helikopter
helicóptero

luchthaven
aeropuerto

toren
torre

passagier
pasajero

container
contenedor

verhuisdoos
caja de cartón

kar
carretilla

mand
cesta

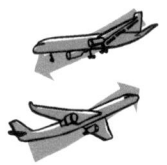

opstijgen / landen
despegar / aterrizar

stad

ciudad

dorp
pueblo

stadscentrum
centro de ciudad

huis
casa

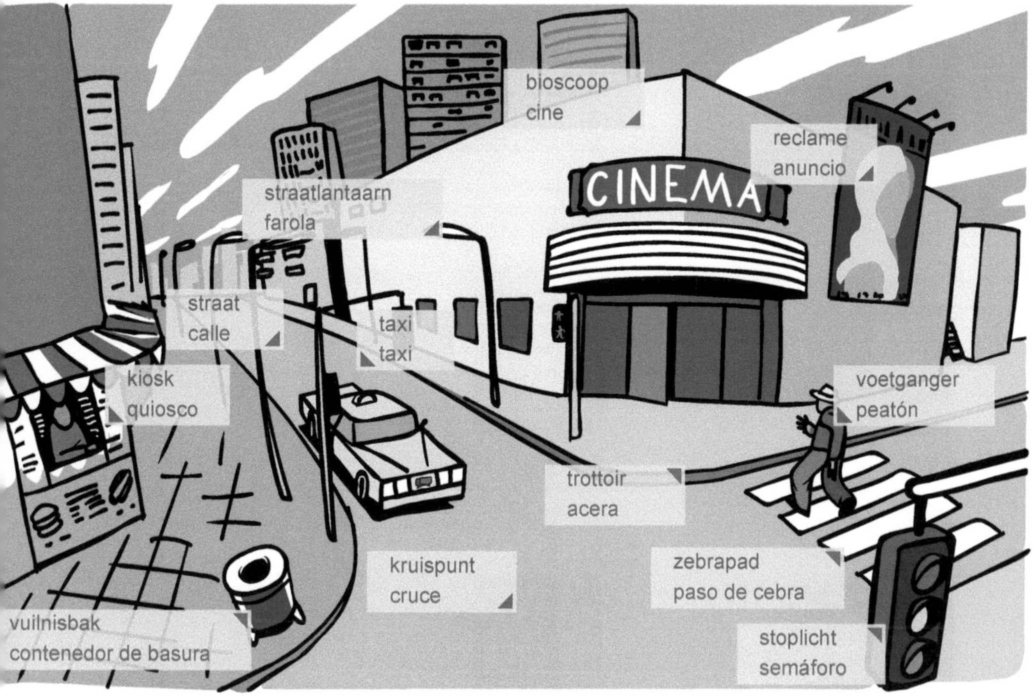
bioscoop
cine
reclame
anuncio
CINEMA
straatlantaarn
farola
straat
calle
taxi
taxi
kiosk
quiosco
voetganger
peatón
trottoir
acera
kruispunt
cruce
zebrapad
paso de cebra
vuilnisbak
contenedor de basura
stoplicht
semáforo

hut

cabaña

appartement

apartamento

station

estación de tren

stadhuis

ayuntamiento

MUSEUM

museum

museo

school

escuela

universiteit

universidad

bank

banco

ziekenhuis

hospital

hotel

hotel

apotheek

farmacia

kantoor

oficina

boekenwinkel

librería

winkel

tienda

bloemenwinkel

floristería

supermarkt

supermercado

markt

mercado

warenhuis

grandes almacenes

visboer

pescadería

winkelcentrum

centro comercial

haven

puerto

stad - ciudad

park
parque

bank
banco

brug
puente

trap
escaleras

metro
metro

tunnel
túnel

bushalte
parada de autobús

bar
bar

restaurant
restaurante

brievenbus
buzón

straatnaambord
poste indicador

parkeermeter
parquímetro

dierentuin
zoo

zwembad
piscina

moskee
mezquita

boerderij

granja

vervuiling

contaminación

begraafplaats

cementerio

kerk

iglesia

speelplaats

patio de juego

tempel

templo

landschap
paisaje

blad
hoja

wegwijzer
señal

weg
camino

weide
prado

steen
piedra

wandelaar
excursionista

boom
árbol

rivier
río

gras
hierba

bloem
flor

vallei

valle

berg

colina

meer

lago

bos

bosque

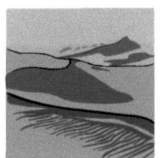

woestijn

desierto

vulkaan

volcán

kasteel

castillo

regenboog

arcoíris

paddenstoel

champiñón

palmboom

palmera

mug

mosquito

vlieg

mosca

mier

hormiga

bij

abeja

spin

araña

kever

escarabajo

kikker

rana

eekhoorn

ardilla

egel

erizo

haas

liebre

uil

lechuza

vogel

pájaro

zwaan

cisne

wild zwijn

jabalí

hert

ciervo

eland

alce

stuwdam

presa

windmolen

turbina eólica

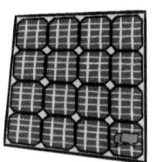

zonnepaneel

panel solar

klimaat

clima

restaurant
restaurante

ober
camarero
menu
menú
stoel
silla
soep
sopa
pizza
pizza
bestek
cubertería
tafelkleed
mantel

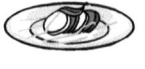

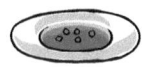

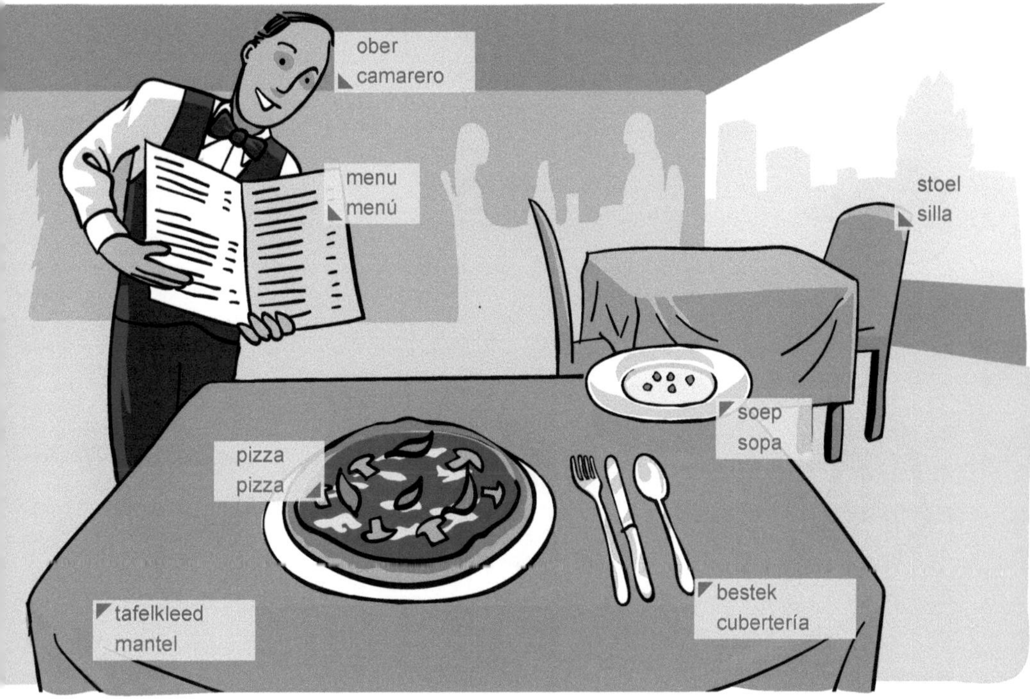

voorgerecht
primer plato

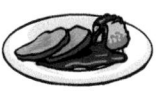

hoofdgerecht
plato principal

toetje
postre

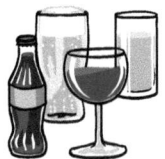

dranken
bebidas

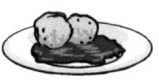

eten
comida

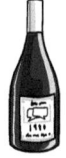

fles
botella

fastfood

comida rápida

eetkraampje

comida callejera

theepot

tetera

suikerpot

azucarero

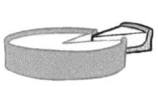

portie

porción

espressomachine

cafetera expreso

kinderstoel

trona

rekening

cuenta

dienblad

bandeja

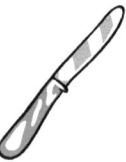

mes

cuchillo

vork

tenedor

lepel

cuchara

theelepel

cucharilla

servet

servilleta

glas

vaso

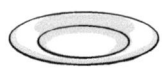

bord
plato

soepbord
plato hondo

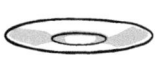

schotel
platillo

saus
salsa

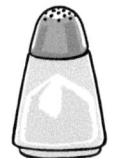

zoutvaatje
salero

pepermolen
molinillo de pimienta

azijn
vinagre

olie
aceite

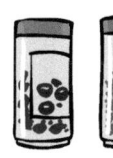

kruiden
especias

ketchup
ketchup

mosterd
mostaza

mayonaise
mayonesa

supermarkt
supermercado

aanbieding
oferta especial
FOR
klant
cliente
zuivelproducten
lácteos
fruit
fruta
winkelwagen
carro de la compra

BUTCHERS

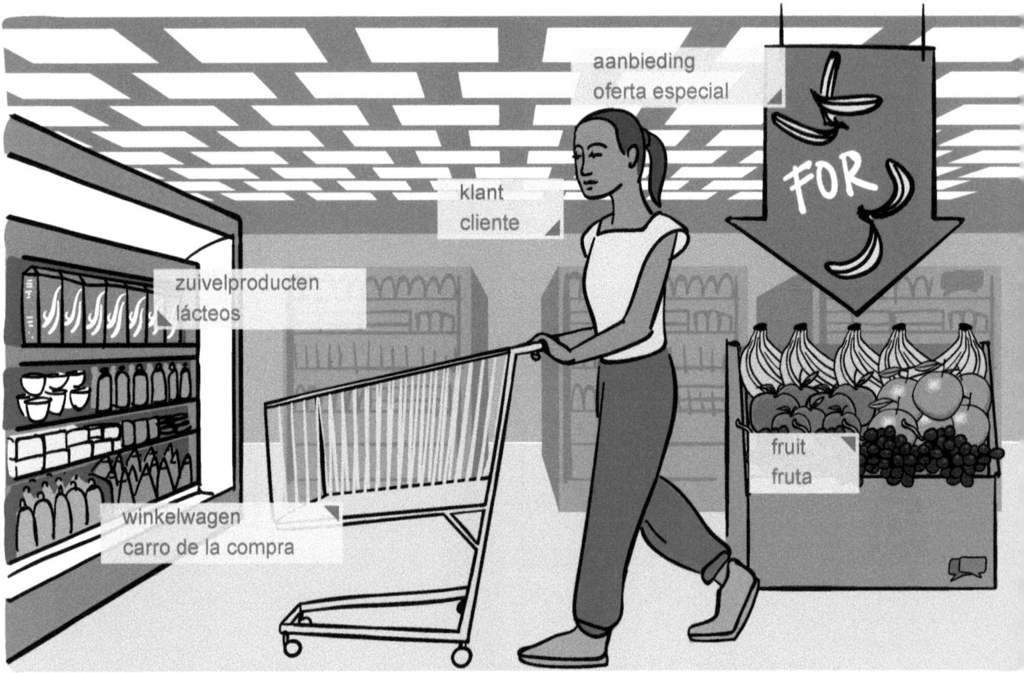

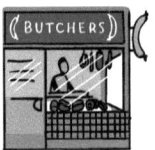

slager

carnicería

BAKERY

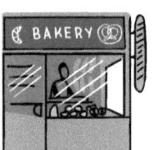

bakkerij

panadería

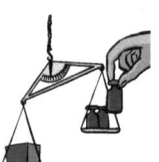

wegen

pesar

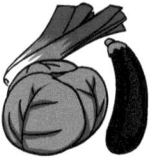

groente

verduras

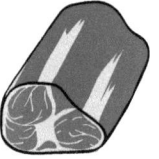

vlees

carne

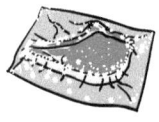

diepvriesproducten

alimentos congelados

vleeswaren

fiambres

conserven

conservas

wasmiddel

detergente en polvo

snoepgoed

dulces

huishoudelijke artikelen

productos de uso doméstico

schoonmaakmiddel

productos de limpieza

verkoopster

vendedora

kassa

caja

kassier

cajero

boodschappenlijstje

lista de la compra

openingstijden

horario de atención al
público

portefeuille

cartera

creditkaart

tarjeta de crédito

tas

bolsa

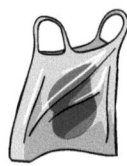

plastic zak

bolsa de plástico

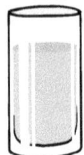

water

agua

sap

zumo

melk

leche

cola

cola

wijn

vino

bier

cerveza

alcohol

alcohol

chocolademelk

cacao

thee

té

koffie

café

espresso

expreso

cappuccino

capuchino

banaan

plátano

appel

manzana

sinaasappel

naranja

watermeloen

melón

citroen

limón

wortel

zanahoria

knoflook

ajo

bamboe

bambú

ui

cebolla

paddenstoel

champiñón

noten

avellanas

pasta

fideos

spaghetti

espagueti

rijst

arroz

salade

ensalada

friet

patatas fritas

gebakken aardappelen

patatas fritas

pizza

pizza

hamburger

hamburguesa

sandwich

sándwich

schnitzel

filete

ham

jamón

salami

salami

worst

salchicha

kip

pollo

gebraad

asado

vis

pescado

eten - comida

havermout

copos de avena

muesli

muesli

cornflakes

copos de maíz

meel

harina

croissant

cruasán

broodjes

panecillo

brood

pan

toast

tostada

koekjes

galletas

boter

mantequilla

kwark

cuajada

taart

pastel

ei

huevo

gebakken ei

huevo frito

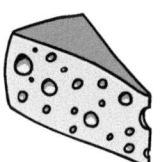

kaas

queso

ijs

helado

suiker

azúcar

honing

miel

jam

mermelada

chocoladepasta

crema de turrón

kerrie

curry

boerderij
granja

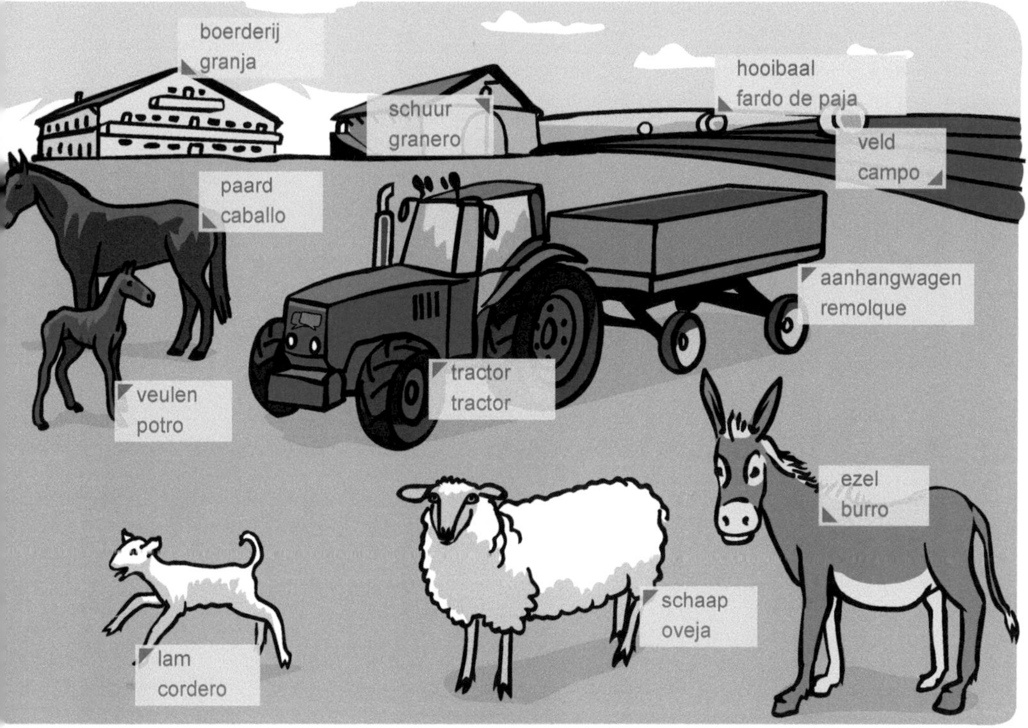
boerderij
granja
schuur
granero
hooibaal
fardo de paja
veld
campo
paard
caballo
aanhangwagen
remolque
tractor
tractor
veulen
potro
ezel
burro
schaap
oveja
lam
cordero

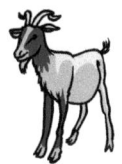

geit
cabra

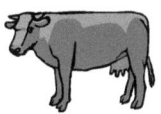

koe
vaca

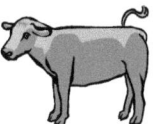

kalf
ternero

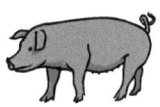

varken
cerdo

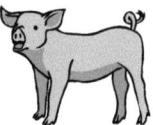

big
cerdito

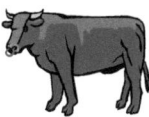

stier
toro

gans

ganso

eend

pato

kuiken

pollo

kip

gallina

haan

gallo

rat

rata

kat

gato

muis

ratón

os

buey

hond

perro

hondenhok

perrera

tuinslang

manguera

gieter

regadera

zeis

guadaña

ploeg

arado

sikkel

hoz

schoffel

azada

hooivork

horca

bijl

hacha

kruiwagen

carretilla

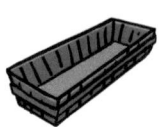

trog

abrevadero

melkbus

lechera

zak

saco

hek

valla

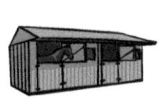

stal

establo

broeikas

invernadero

grond

suelo

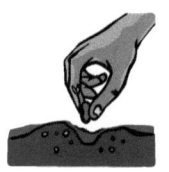

zaad

semilla

mest

fertilizador

maaidorser

cosechadora

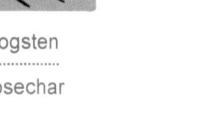

oogsten
cosechar

oogst
cosecha

yam
ñame

tarwe
trigo

soja
soja

aardappel
patata

maïs
maíz

koolzaad
semilla de colza

fruitboom
árbol frutal

maniok
mandioca

granen
cereales

huis
casa

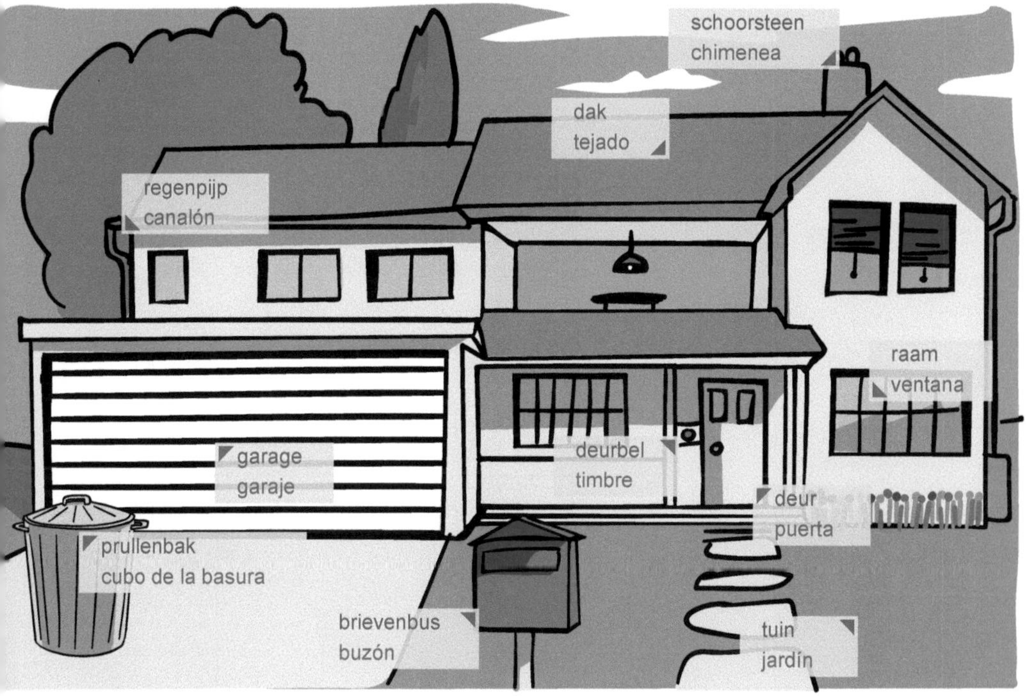

schoorsteen
chimenea
dak
tejado
regenpijp
canalón
raam
ventana
deurbel
timbre
garage
garaje
deur
puerta
prullenbak
cubo de la basura
brievenbus
buzón
tuin
jardín

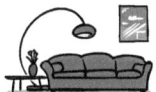

woonkamer
....
sala

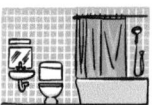

badkamer
....
cuarto de baño

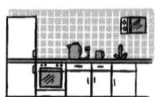

keuken
....
cocina

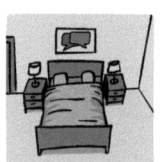

slaapkamer
....
dormitorio

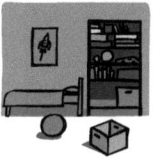

kinderkamer
....
habitación de los niños

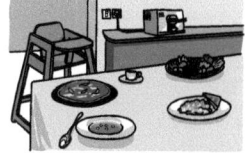

eetkamer
....
comedor

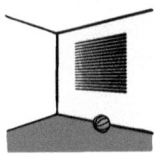

vloer

suelo

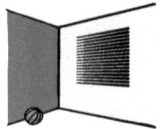

muur

pared

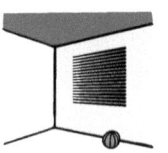

plafond

techo

kelder

sótano

sauna

sauna

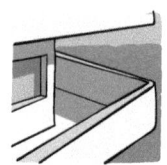

balkon

balcón

terras

terraza

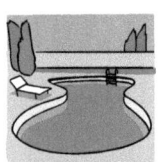

zwembad

piscina

grasmaaier

cortacésped

laken

sábana

bedsprei

colcha

bed

cama

bezem

escoba

emmer

balde

schakelaar

interruptor

woonkamer

sala

behang
papel pintado
foto
imagen
lamp
lámpara
plank
estante
kast
armario
televisie
televisión
open haard
chimenea
bloem
flor
kussen
cojín
bankstel
sofá
vaas
jarrón
afstandsbediening
mando a distancia

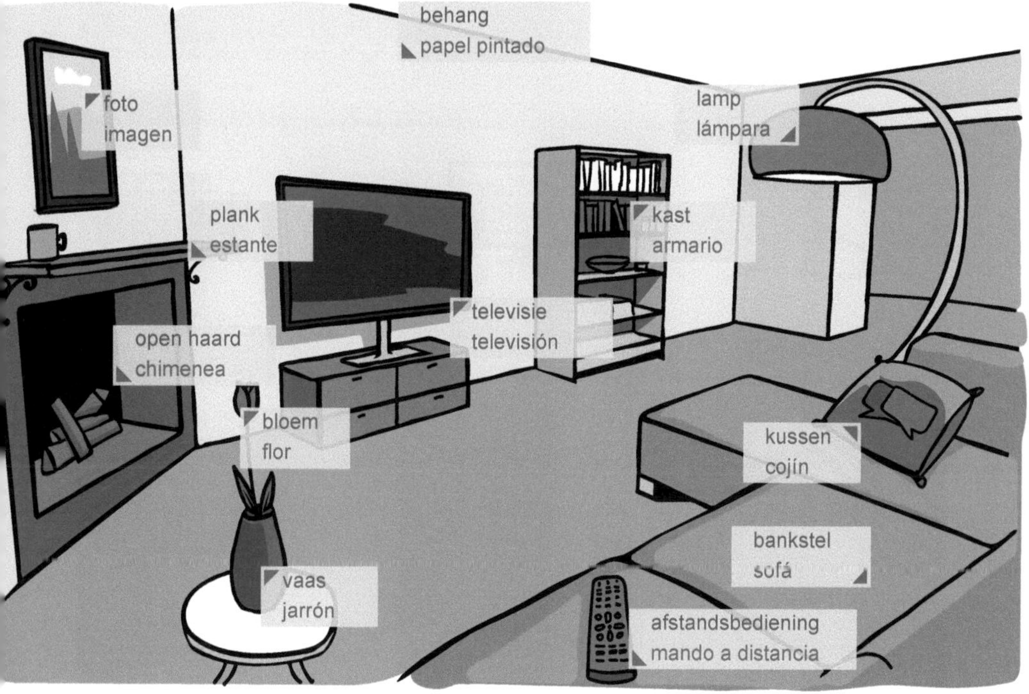

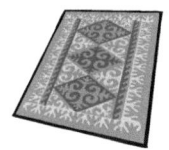

tapijt

alfombra

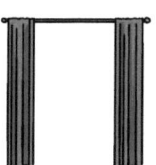

gordijn

cortina

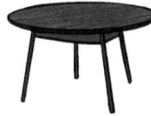

tafel

mesa

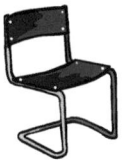

stoel

silla

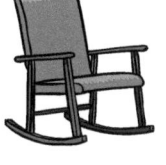

schommelstoel

mecedora

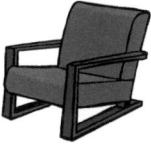

stoel

butaca

boek

libro

deken

manta

decoratie

decoración

brandhout

leña

film

película

stereo-installatie

equipo de música

sleutel

llave

krant

periódico

schilderij

pintura

poster

póster

radio

radio

kladblok

cuaderno

stofzuiger

aspiradora

cactus

cactus

kaars

vela

keuken
cocina

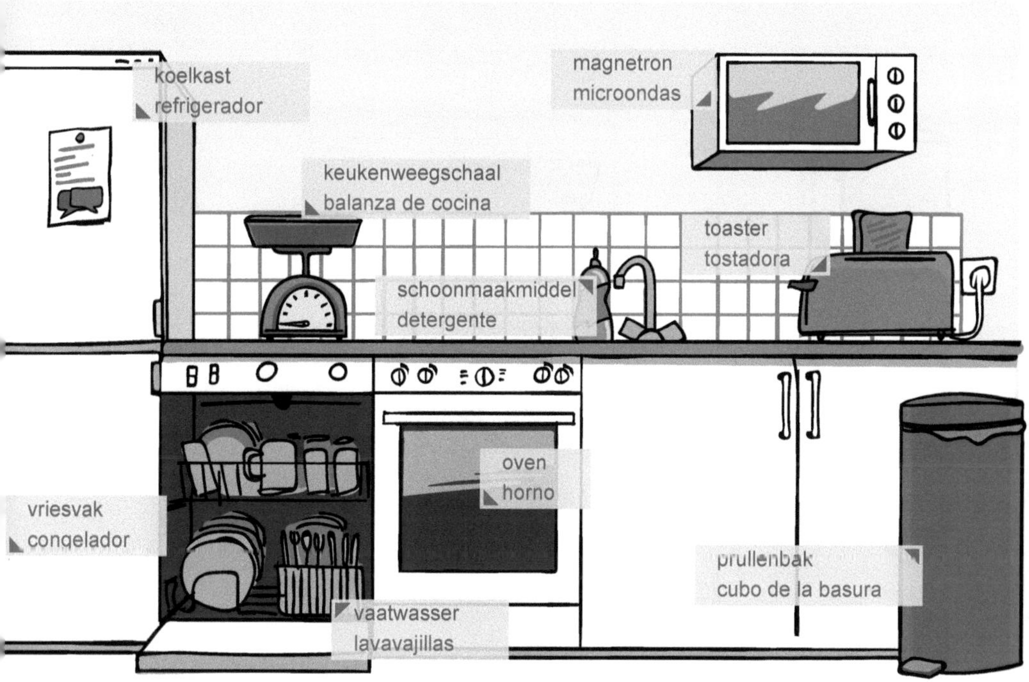
koelkast
refrigerador
magnetron
microondas
keukenweegschaal
balanza de cocina
toaster
tostadora
schoonmaakmiddel
detergente
oven
horno
vriesvak
congelador
prullenbak
cubo de la basura
vaatwasser
lavavajillas

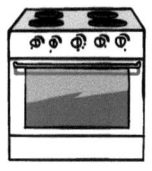

fornuis

olla a presión

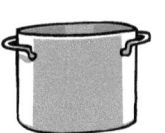

pan

olla

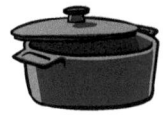

gietijzeren pan

olla de hierro fundido

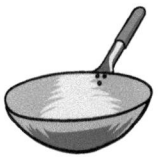

wok / kadai

wok / karahi

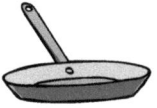

koekenpan

cazuela

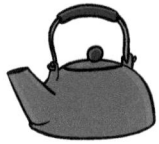

ketel

hervidor

stoomkoker

vaporera

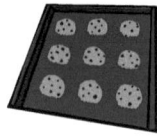

bakplaat

chapa de horno

servies

vajilla

beker

taza

kom

tazón

eetstokjes

palillos

soeplepel

cucharón

spatel

espumadera

garde

batidor

vergiet

colador

zeef

cedazo

rasp

rallador

vijzel

mortero

barbecue

barbacoa

vuurhaard

hoguera

keuken - cocina

snijplank

tabla de picar

deegroller

rodillo

kurkentrekker

sacacorchos

blik

lata

blikopener

abrelatas

pannenlap

agarrador

wasbak

lavabo

borstel

cepillo

spons

esponja

blender

batidora

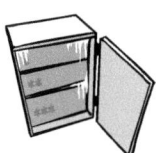

vriezer

congelador

babyflesje

biberón

kraan

grifo

badkamer
cuarto de baño

verwarming
calefacción
douche
ducha
handdoek
toalla
douchegordijn
cortina de la ducha
bubbelbad
baño de espuma
bad
bañera
glas
vaso
wasmachine
lavadora
kraan
grifo
tegels
baldosas
potje
orinal
wasbak
lavabo

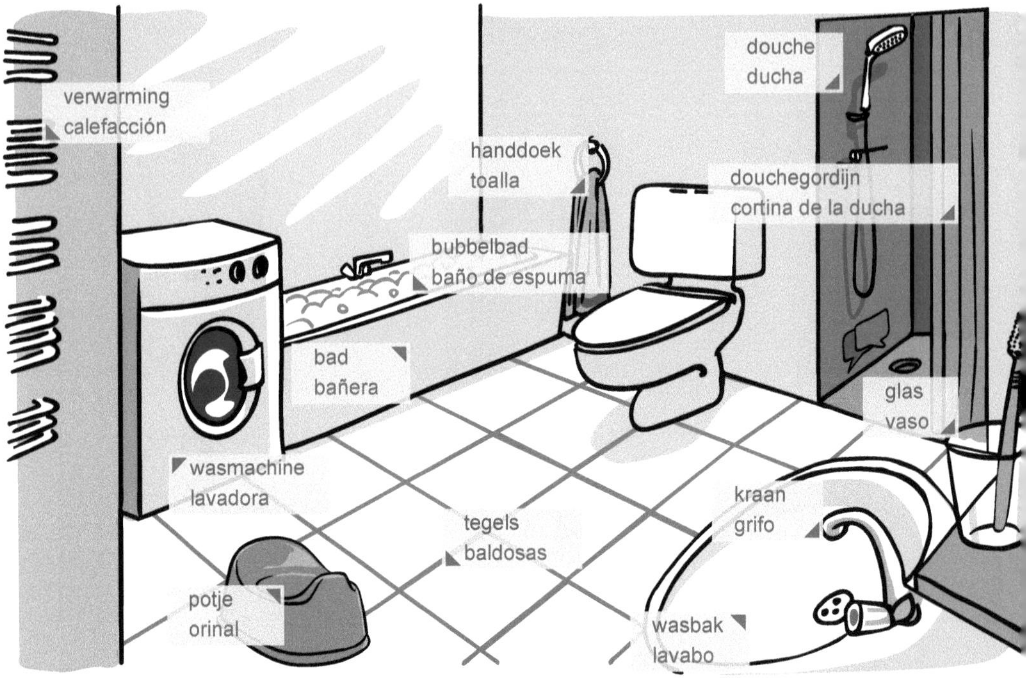

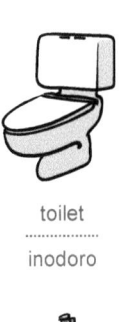

toilet
inodoro

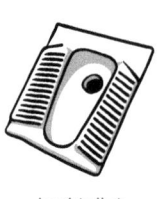

hurktoilet
inodoro rústico

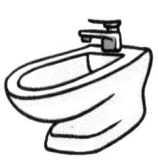

bidet
bidé

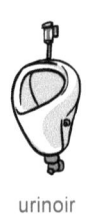

urinoir
urinario

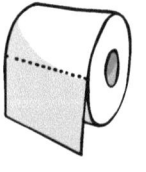

toiletpapier
papel higiénico

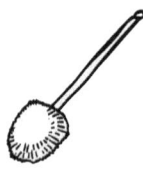

toiletborstel
escobilla del váter

tandenborstel

cepillo de dientes

tandpasta

pasta de dientes

flosdraad

hilo dental

wassen

lavar

handdouche

ducha de mano

toiletdouche

ducha íntima

waskom

pila

rugborstel

cepillo de espalda

zeep

jabón

douchegel

gel de ducha

shampoo

champú

washanje

toallita

afvoer

desagüe

creme

crema

deodorant

desodorante

spiegel

espejo

make-upspiegel

espejo de tocador

scheermes

maquinilla de afeitar

scheerschuim

espuma de afeitar

aftershave

loción postafeitado

kam

peine

borstel

cepillo

haardroger

secador

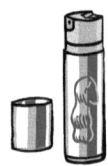

haarspray

laca

make-up

maquillaje

lippenstift

pintalabios

nagellak

pintauñas

watten

algodón

nagelschaartje

cortauñas

parfum

perfume

toilettas

estuche de viaje

kruk

banqueta

weegschaal

balanza

badjas

albornoz

rubber handschoenen

guantes de goma

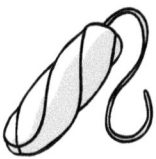

tampon

tampón

maandverband

compresa

chemisch toilet

inodoro químico

kinderkamer
habitación de los niños

wekker
despertador
knuffeldier
peluche
speelgoedauto
coche de juguete
rammelaar
sonajero
poppenhuis
casa de muñecas
cadeau
regalo

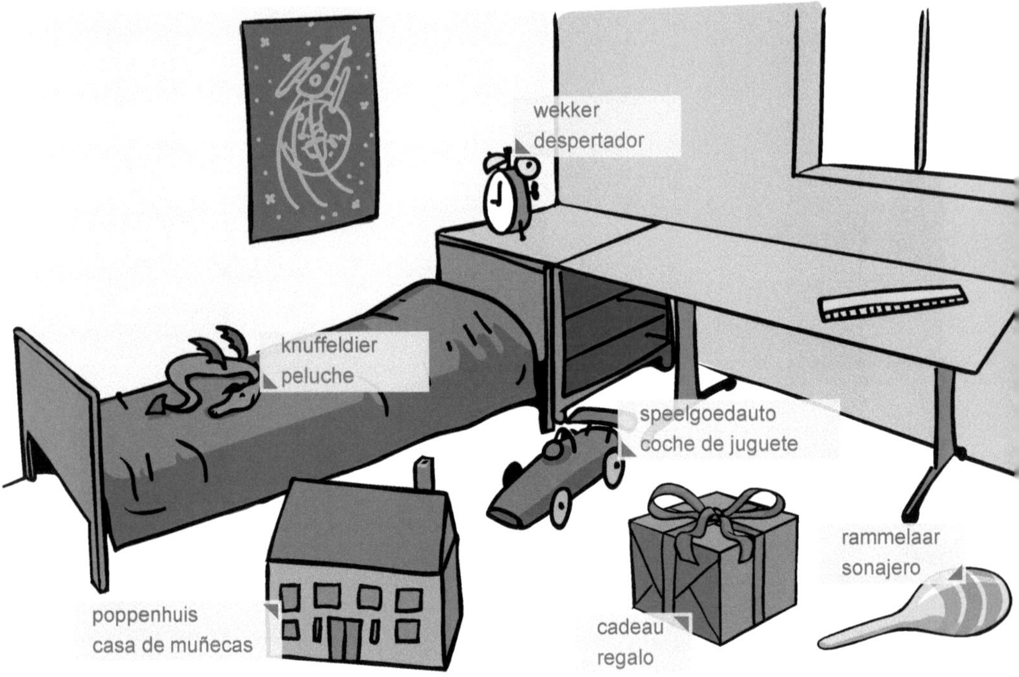

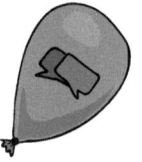

ballon

globo

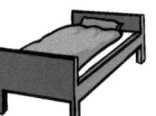

bed

cama

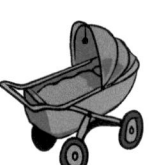

kinderwagen

coche de niño

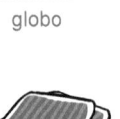

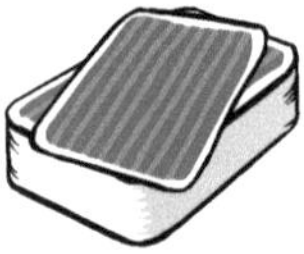

kaartspel

naipes

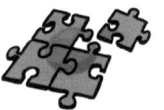

puzzel

puzle

stripverhaal

tebeo

legostenen

piezas de lego

speelgoedblokken

bloques de juguete

actiefiguurtje

figura de acción

romper

bodi (de bebé)

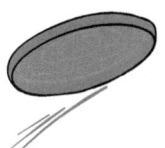

frisbee

frisbee

mobile

colgador móvil para bebés

bordspel

juego de mesa

dobbelsteen

dados

modeltrein

circuito de tren eléctrico

speen

maniquí

feestje

fiesta

prentenboek

álbum de fotos

bal

pelota

pop

muñeca

spelen

jugar

zandbak
cajón de arena

schommel
columpio

speelgoed
juguetes

spelcomputer
videoconsola

driewieler
triciclo

teddybeer
oso de peluche

kleerkast
guardarropa

kleding

ropa

sokken
calcetines

kousen
medias

panty
leotardos

sjaal
bufanda

riem
cinturón

paraplu
paraguas

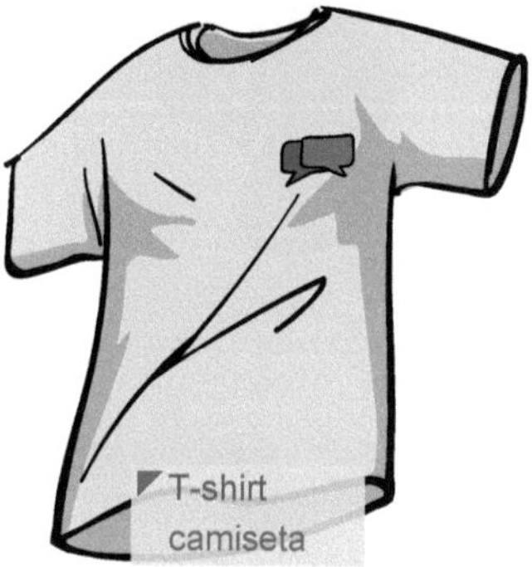

T-shirt
camiseta

sportschoenen
deportivas

laarzen
botas

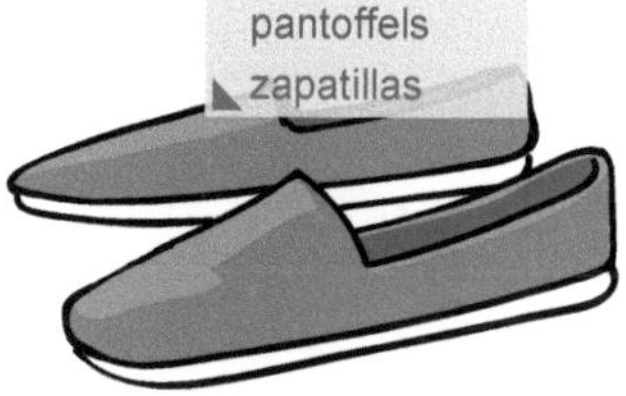

pantoffels
zapatillas

sandalen
·················
sandalias

schoenen
·················
zapatos

rubberlaarzen
·················
botas de goma

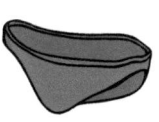

onderbroek
·················
slip

beha
·················
sostén

onderhemd
·················
chaleco

body
bodi

broek
pantalones

spijkerbroek
vaqueros

rok
falda

blouse
blusa

overhemd
camisa

trui
jersey

hoody
suéter

blazer
blazer

jas
chaqueta

mantel
abrigo

regenjas
gabardina

kostuum
traje

jurk
vestido

trouwjurk
vestido de novia

pak

traje

nachthemd

camisón

pyjama

pijama

sari

sari

hoofddoek

bandana

tulband

turbante

boerka

burka

kaftan

caftán

abaja

abaya

zwempak

traje de baño

zwembroek

bañador

korte broek

pantalones cortos

trainingspak

chándal

schort

delantal

handschoenen

guantes

knoop

botón

bril

gafas

armband

brazalete

ketting

collar

ring

anillo

oorbel

pendiente

pet

gorra

kledinghanger

percha

hoed

sombrero

stropdas

corbata

rits

cremallera

helm

casco

bretels

tirantes

schooluniform

uniforme escolar

uniform

uniforme

kleding - ropa

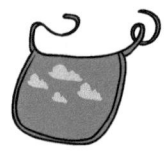

slabbetje

babero

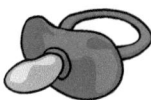

speen

maniquí

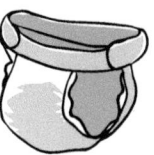

luier

pañal

kantoor

oficina

server
servidor
archiefkast
archivo
papier
papel
printer
impresora
beeldscherm
monitor
muis
ratón
bureau
escritorio
map
carpeta
toetsenbord
teclado
prullenmand
papelera
computer
ordenador
stoel
silla

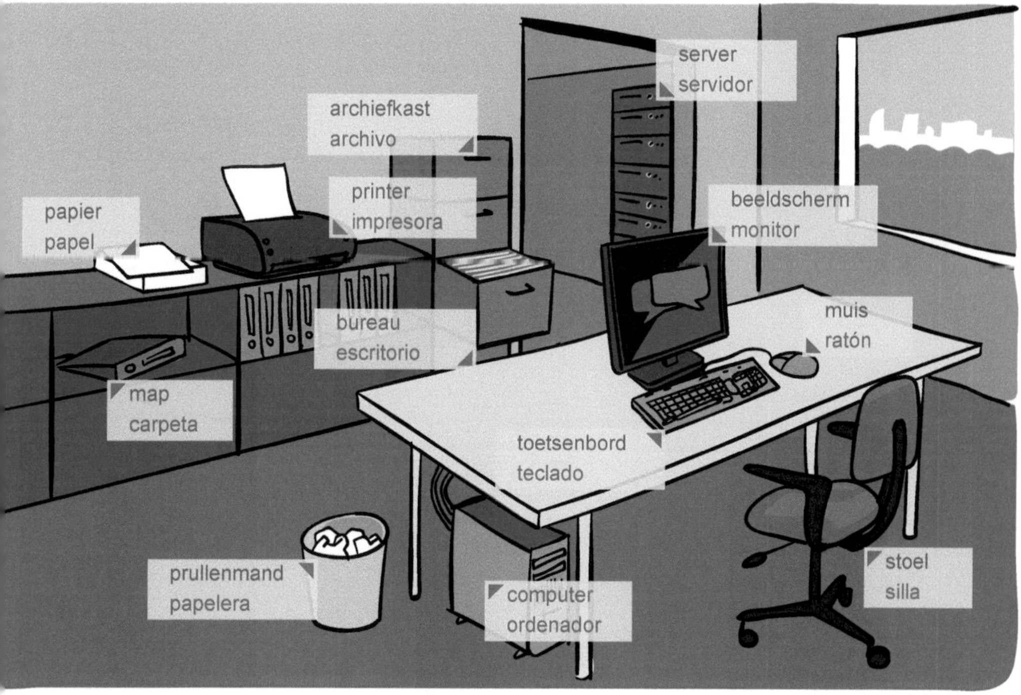

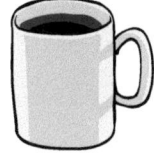

koffiemok

taza de café

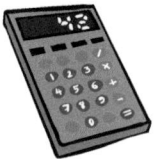

rekenmachine

calculadora

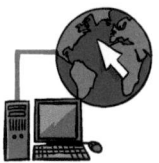

internet

internet

laptop
portátil

brief
carta

bericht
mensaje

mobiele telefoon
móvil

netwerk
red

kopieermachine
fotocopiadora

software
software

telefoon
teléfono

stopcontact
toma de corriente

fax
fax

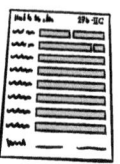

formulier
formulario

document
documento

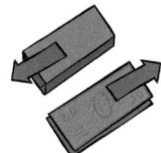

kopen

comprar

betalen

pagar

handel drijven

comerciar

geld

dinero

dollar

dólar

euro

euro

yen

yen

roebel

rublo

Zwitserse frank

franco suizo

renminbi yuan

renminbi yuan

roepie

rupia

geldautomaat

cajero automático

wisselkantoor

oficina de cambio de divisas

goud

oro

zilver

plata

olie

petróleo

energie

energía

prijs

precio

contract

contrato

belasting

impuesto

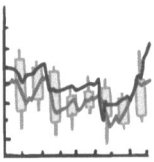

aandeel

acción

werken

trabajar

werknemer

empleado

werkgever

empleador

fabriek

fábrica

winkel

tienda

economie - economía

beroepen

oficios

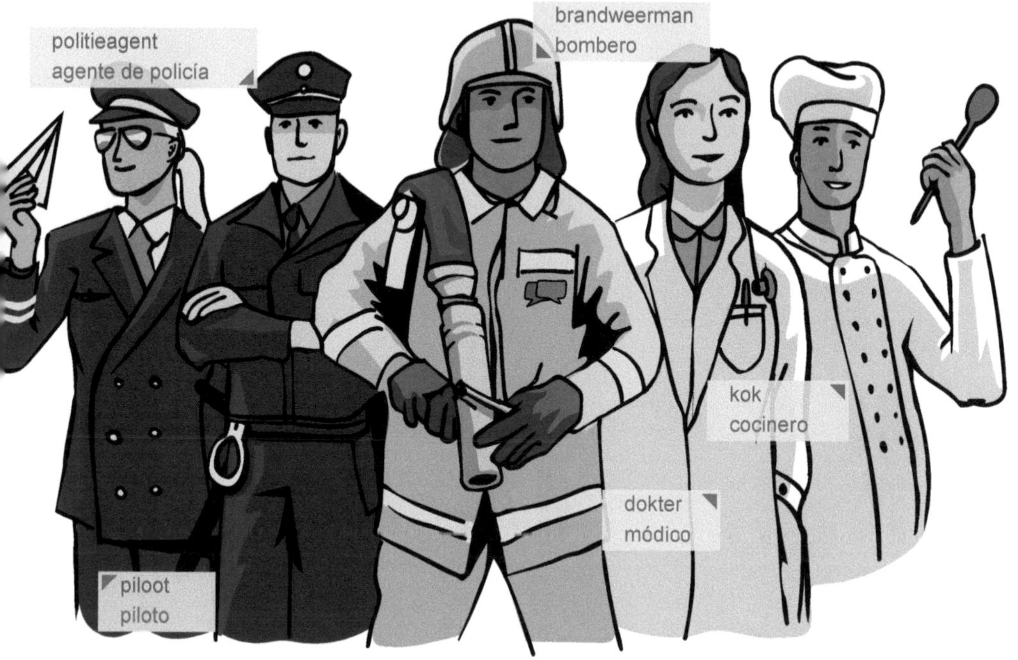

politieagent
agente de policía
brandweerman
bombero
kok
cocinero
dokter
módico
piloot
piloto

tuinman

jardinero

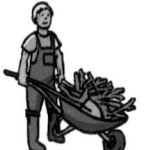

timmerman

carpintero

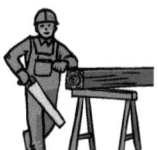

naaister

costurera

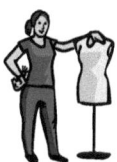

rechter

juez

scheikundige

farmacéutico

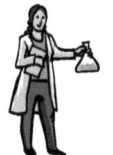

toneelspeler

actor

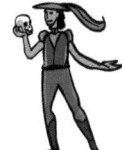

buschauffeur

conductor de autobús

taxichauffeur

taxista

visser

pescador

schoonmaakster

señora de la limpieza

dakdekker

techador

ober

camarero

jager

cazador

schilder

pintor

bakker

panadero

elektricien

electricista

bouwvakker

obrero

ingenieur

ingeniero

slager

carnicero

loodgieter

fontanero

postbode

cartero

soldaat

soldado

architect

arquitecto

kassier

cajero

bloemist

florista

kapper

peluquero

conducteur

revisor

monteur

mecánico

kapitein

capitán

tandarts

dentista

wetenschapper

científico

rabbi

rabino

imam

imán

monnik

monje

pastoor

sacerdote

gereedschap
herramientas

tang
alicates
hamer
martillo
schroevendraaier
destornillador
zaklamp
linterna
moersleutel
llave

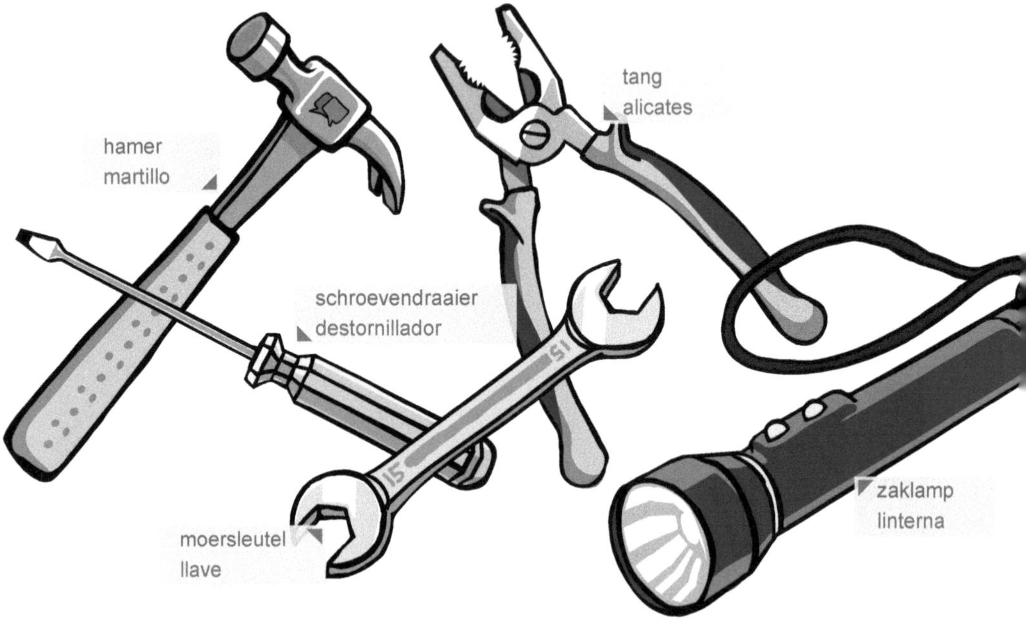

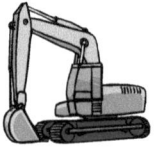

graafmachine

excavadora

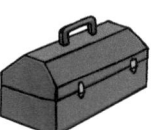

gereedschapskist

caja de herramientas

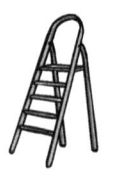

ladder

escalera de mano

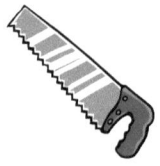

zaag

sierra

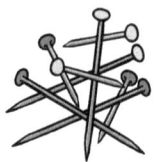

spijkers

clavos

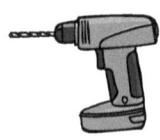

boor

taladro

repareren

reparar

schep

pala

Verdorie!

¡Maldita sea!

stofblik

recogedor

verfpot

bote de pintura

schroeven

tornillos

muziekinstrumenten
instrumentos musicales

drumstel
batería

luidspreker
altavoz

gitaar
guitarra

contrabas
contrabajo

trompet
trompeta

piano

piano

viool

violín

bas

bajo

pauk

timbales

trommel

tambor

keyboard

teclado

saxofoon

saxofón

fluit

flauta

microfoon

micrófono

dierentuin

zoo

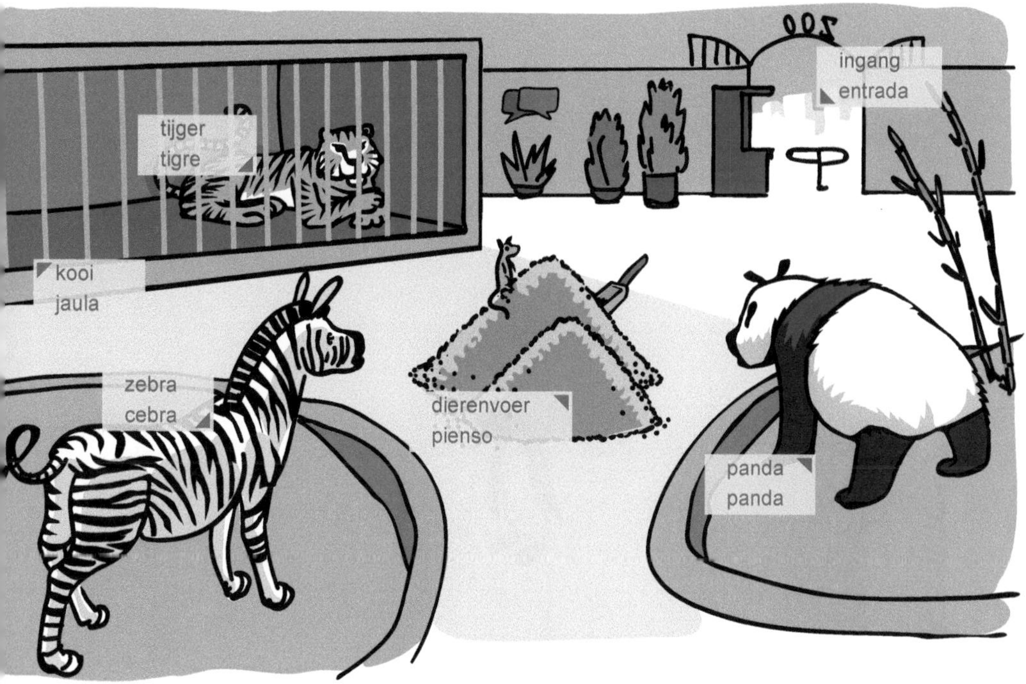

ingang
entrada
tijger
tigre
kooi
jaula
zebra
cebra
dierenvoer
pienso
panda
panda

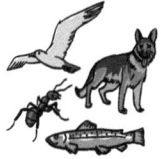

dieren

animales

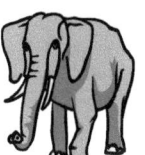

olifant

elefante

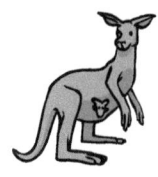

kangoeroe

canguro

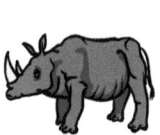

neushoorn

rinoceronte

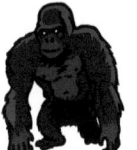

gorilla

gorila

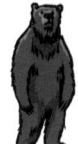

beer

oso

kameel

camello

struisvogel

avestruz

leeuw

león

aap

mono

flamingo

flamingo

papegaai

loro

ijsbeer

oso polar

pinguïn

pingüino

haai

tiburón

pauw

pavo real

slang

serpiente

krokodil

cocodrilo

dierenverzorger

guardián de zoológico

zeehond

foca

jaguar

jaguar

pony
poni

luipaard
leopardo

nijlpaard
hipopótamo

giraffe
jirafa

adelaar
águila

wild zwijn
jabalí

vis
pescado

schildpad
tortuga

walrus
morsa

vos
zorro

gazelle
gacela

American football
fútbol americano

wielrennen
ciclismo

tennis
tenis

basketbal
baloncesto

zwemmen
natación

boksen
boxeo

ijshockey
hockey sobre hielo

voetbal
fútbol

badminton
bádminton

atletiek
atletismo

handbal
balonmano

skiën
esquí

polo
polo

activiteiten
actividades

lachen
reír
springen
saltar
knuffelen
abrazar
lopen
caminar
zingen
cantar
dromen
soñar
bidden
rezar
kussen
besar

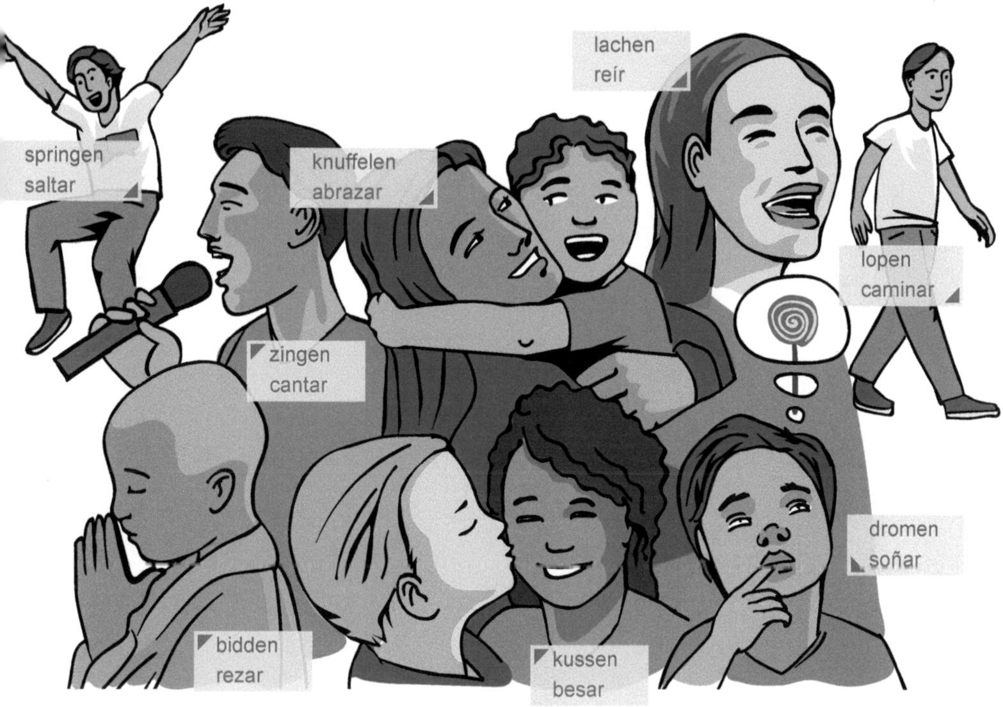

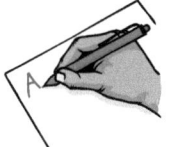

schrijven

escribir

tekenen

dibujar

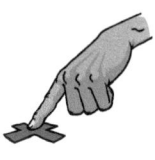

tonen

mostrar

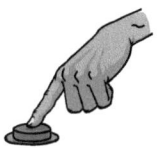

duwen

empujar

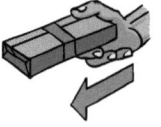

geven

dar

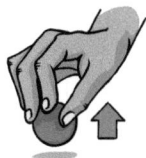

oppakken

tomar

hebben
tener

doen
hacer

zijn
ser

staan
estar de pie

rennen
correr

trekken
tirar

gooien
tirar

vallen
caer

liggen
yacer

wachten
esperar

dragen
llevar

zitten
estar sentado

aankleden
vestirse

slapen
dormir

wakker worden
despertar

bekijken

mirar

huilen

llorar

strelen

acariciar

kammen

peinar

praten

hablar

begrijpen

entender

vragen

preguntar

horen

escuchar

drinken

beber

eten

comer

opruimen

ordenar

houden van

amar

koken

cocinar

rijden

conducir

vliegen

volar

zeilen

navegar

rekenen

calcular

lezen

leer

leren

aprender

werken

trabajar

trouwen

casarse

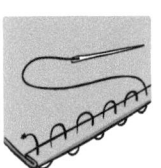

naaien

coser

tandenpoetsen

cepillarse los dientes

doden

matar

roken

fumar

verzenden

enviar

familie
familia

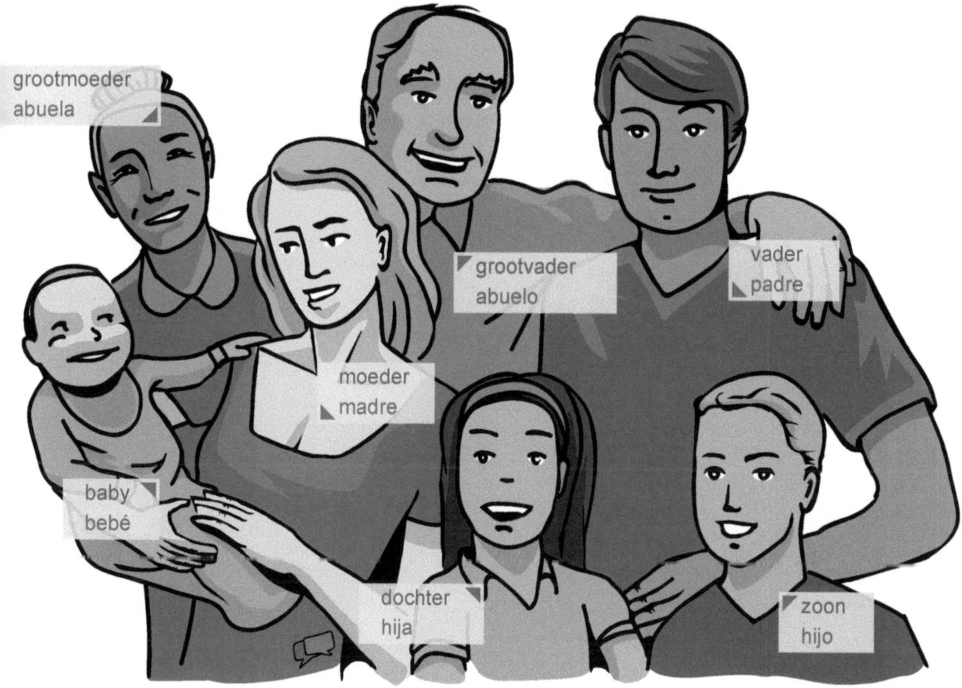
grootmoeder
abuela
grootvader
abuelo
vader
padre
moeder
madre
baby
bebé
dochter
hija
zoon
hijo

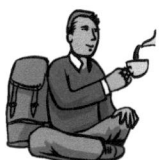

gast

invitado

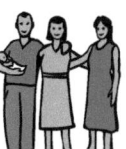

tante

tía

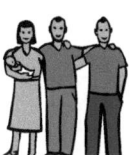

oom

tío

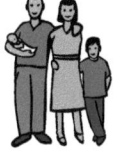

broer

hermano

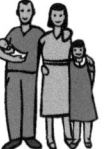

zus

hermana

lichaam
cuerpo

voorhoofd
frente
oog
ojo
schouder
hombro
vinger
dedo
gezicht
cara
kin
barbilla
hand
mano
been
pierna
borst
pecho
arm
brazo

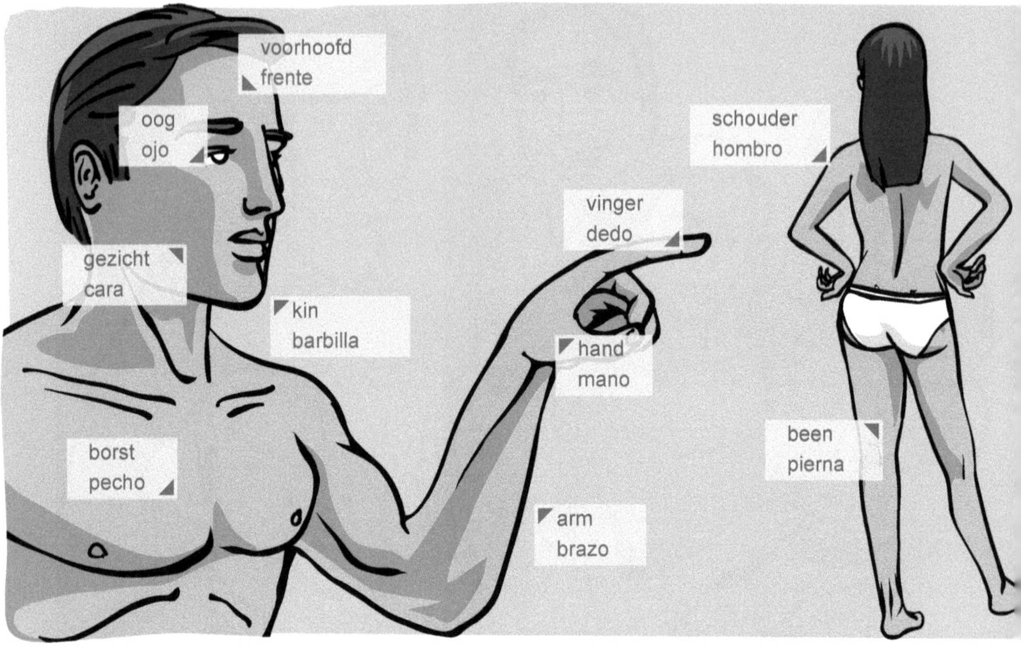

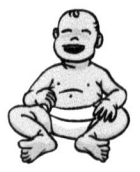

baby
bebé

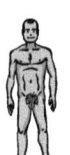

man
hombre

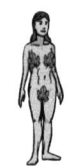

vrouw
mujer

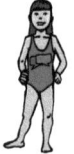

meisje
chica

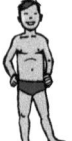

jongen
chico

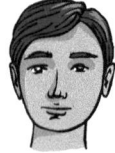

hoofd
cabeza

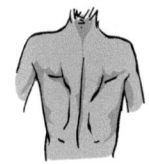

rug

espalda

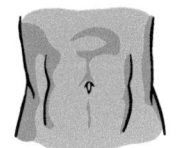

buik

vientre

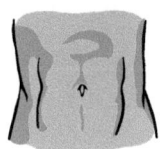

navel

ombligo

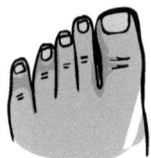

teen

dedo del pie

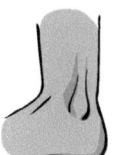

hiel

talón

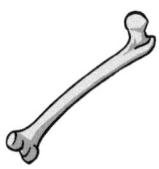

bot

hueso

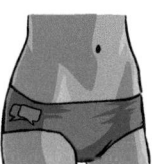

heup

cadera

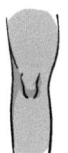

knie

rodilla

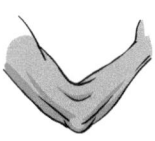

elleboog

codo

neus

nariz

achterwerk

trasero

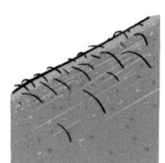

huid

piel

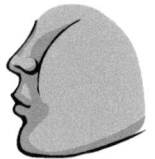

wang

mejilla

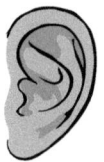

oor

oído

lippen

labio

mond
boca

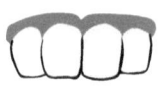

tand
diente

tong
lengua

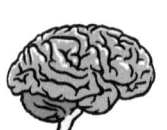

hersenen
cerebro

hart
corazón

spier
músculo

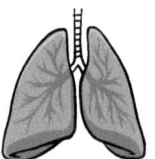

long
pulmón

lever
hígado

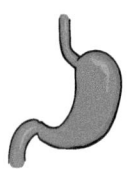

maag
estómago

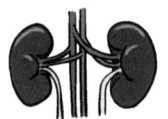

nieren
riñones

geslachtsgemeenschap
sexo

condoom
condón

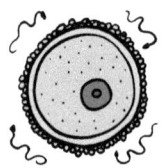

eicel
ovario

sperma
semen

zwangerschap
embarazo

lichaam - cuerpo

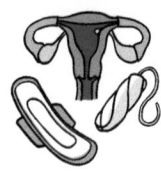

menstruatie

menstruación

vagina

vagina

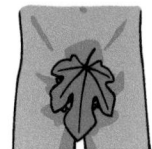

penis

pene

wenkbrauw

ceja

haar

pelo

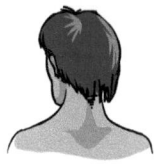

hals

cuello

ziekenhuis
hospital

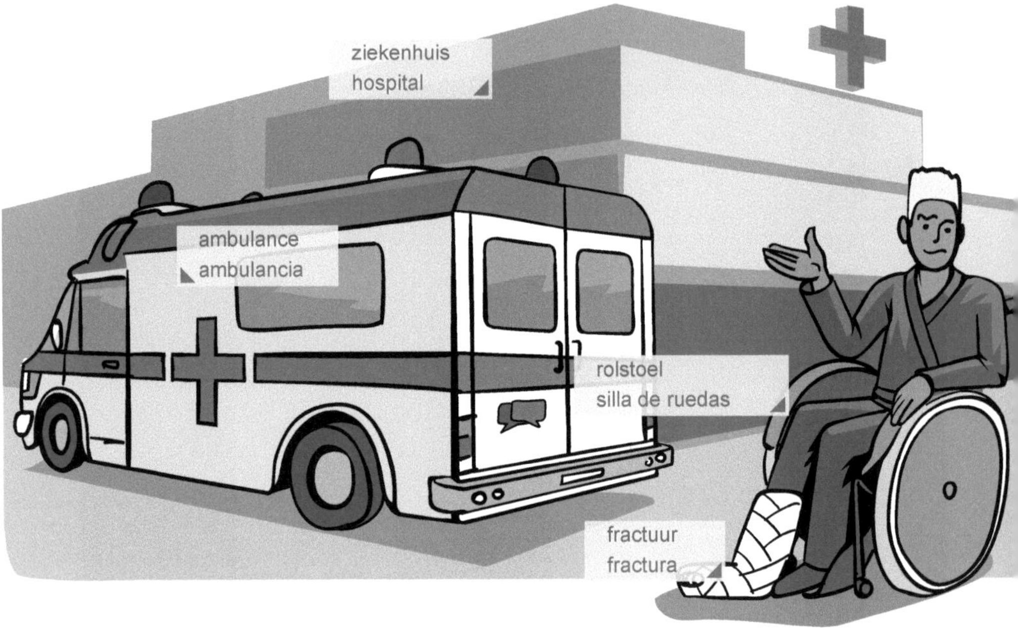

ziekenhuis
hospital
ambulance
ambulancia
rolstoel
silla de ruedas
fractuur
fractura

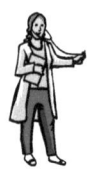

dokter

médico

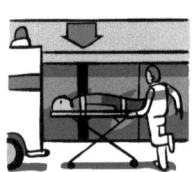

EHBO

sala de urgencias

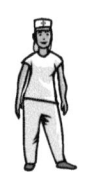

verpleegster

enfermera

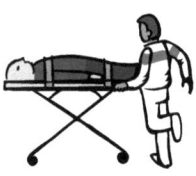

noodgeval

urgencia

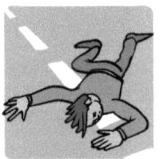

bewusteloos

inconsciente

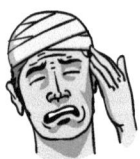

pijn

dolor

verwonding

lesión

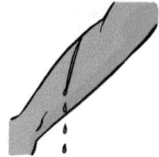

bloeding

hemorragia

hartaanval

infarto

beroerte

ictus

allergie

alergia

hoest

tos

koorts

fiebre

griep

gripe

diarree

diarrea

hoofdpijn

dolor de cabeza

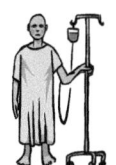

kanker

cáncer

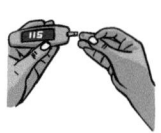

diabetes

diabetes

chirurg

cirujano

scalpel

bisturí

operatie

operación

CT
TAC

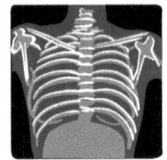

röntgen
rayos x

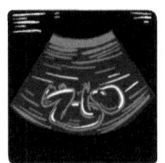

echografie
ultrasonido

gezichtsmasker
mascarilla

ziekte
enfermedad

wachtkamer
sala de espera

kruk
muleta

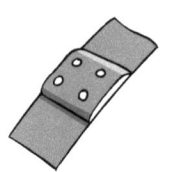

pleister
tirita

verband
venda

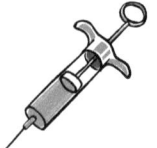

injectie
inyección

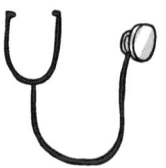

stethoscoop
estetoscopio

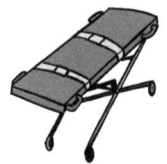

brancard
camilla

thermometer
termómetro

geboorte
nacimiento

overgewicht
sobrepeso

gehoorapparaat

audífono

ontsmettingsmiddel

desinfectante

infectie

infección

virus

virus

HIV / AIDS

VIH / SIDA

medicijn

medicina

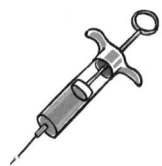

inenting

vacunación

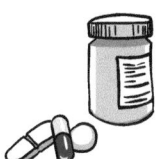

tabletten

tabletas

pil

pastilla

alarmnummer

llamada de urgencia

bloeddrukmeter

tensiómetro

ziek / gezond

enfermo / sano

Help!
¡Socorro!

alarm
alarma

overval
asalto

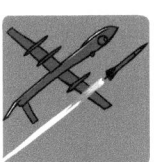

aanval
ataque

gevaar
peligro

nooduitgang
salida de emergencia

Brand!
¡Fuego!

brandblusser
extintor de incendios

ongeluk
accidente

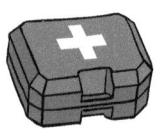

EHBO-koffer
botiquín de primeros auxilios

SOS
SOS

politie
policía

aarde

tierra

Europa
Europa

Noord-Amerika
Norteamérica

Zuid-Amerika
Sudamérica

Afrika
África

Azië
Asia

Australië
Australia

Atlantische Oceaan
Atlántico

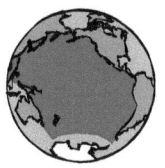

Stille Oceaan
Pacífico

Indische Oceaan
Océano Índico

Zuidelijke Oceaan
Océano Antártico

Noordelijke IJszee
Océano Ártico

Noordpool
polo norte

Zuidpool

polo sur

Antarctica

Antártida

aarde

tierra

land

tierra

zee

mar

eiland

isla

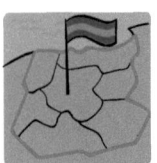

natie

nación

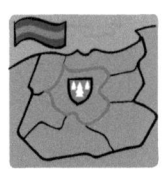

staat

estado

wijzerplaat

esfera

uurwijzer

manecilla de las horas

minutenwijzer

minutero

secondewijzer

segundero

Hoe laat is het?

¿Qué hora es?

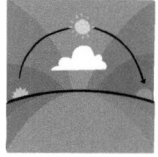

dag

día

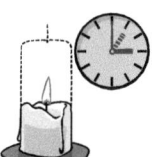

tijd

tiempo

nu

ahora

digitaal horloge

reloj digital

minuut

minuto

uur

hora

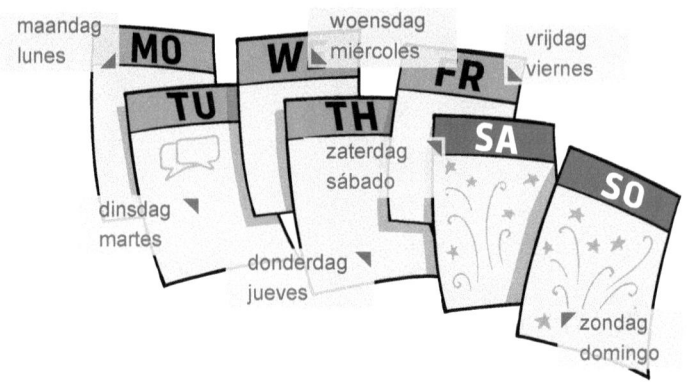

maandag / lunes — MO
woensdag / miércoles — W
vrijdag / viernes — FR
TU
TH
zaterdag / sábado — SA
dinsdag / martes
donderdag / jueves
zondag / domingo — SO

gisteren
ayer

vandaag
hoy

morgen
mañana

ochtend
mañana

middag
mediodía

avond
tarde

werkdagen
días laborables

weekend
fin de semana

jaar
año

regenboog
arcoíris
regen
lluvia
sneeuw
nieve
wind
viento
voorjaar
primavera
herfst
otoño
zomer
verano
winter
invierno

4.APRIL 11°
5.APRIL 4°
6.APRIL 13°
7.APRIL 8°
8.APRIL 10°

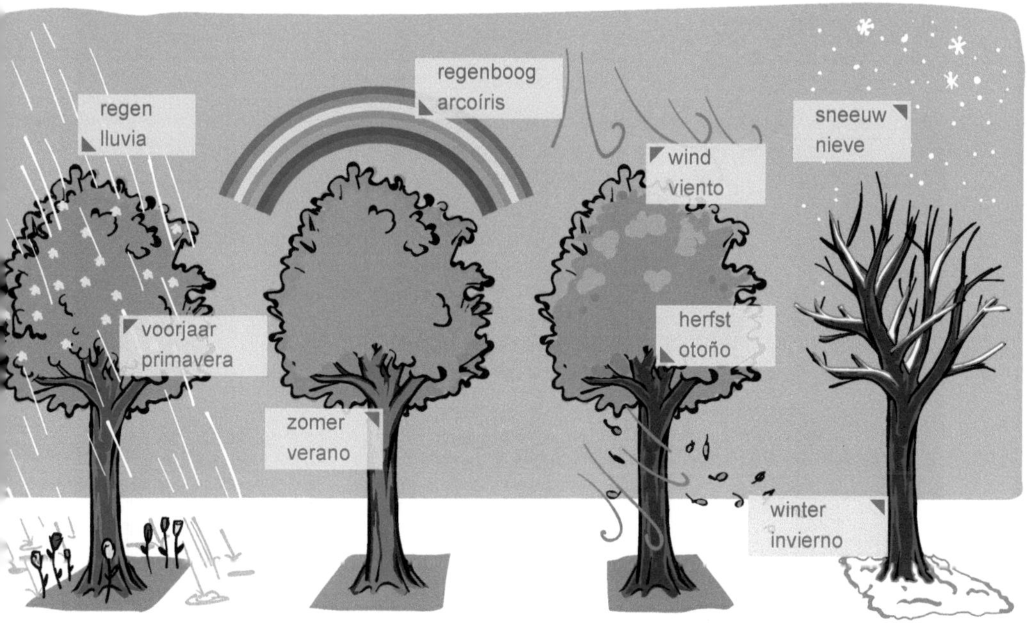

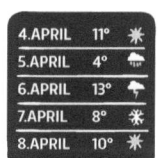

weerbericht

pronóstico del tiempo

F
C
120
90
60
30
0
-30
40
30
20
10
0
-10
-20

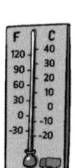

thermometer

termómetro

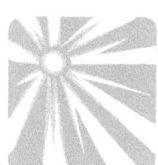

zonneschijn

sol

wolk

nube

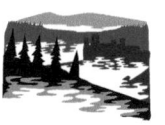

mist

niebla

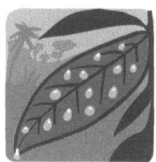

luchtvochtigheid

humedad

bliksem
rayo

donder
trueno

storm
tormenta

hagel
granizo

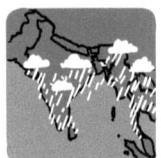

moesson
monzón

overstroming
inundación

ijs
hielo

januari
enero

februari
febrero

maart
marzo

april
abril

mei
mayo

juni
junio

juli
julio

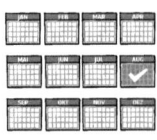

augustus
agosto

jaar - año

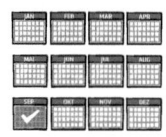

september
....
septiembre

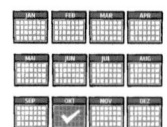

oktober
....
octubre

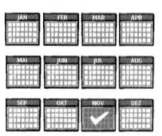

november
....
noviembre

december
....
diciembre

cirkel
....
círculo

vierkant
....
cuadrado

rechthoek
....
rectángulo

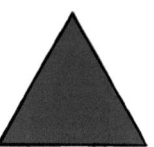

driehoek
....
triángulo

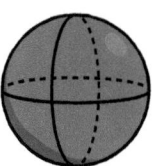

bol
....
esfera

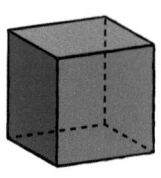

kubus
....
cubo

kleuren
colores

wit
....
blanco

geel
....
amarillo

oranje
....
anaranjado

roze
....
rosa

rood
....
rojo

paars
....
morado

blauw
....
azul

groen
....
verde

bruin
....
marrón

grijs
....
gris

zwart
....
negro

veel / weinig

mucho / poco

boos / rustig

enojado / tranquilo

mooi / lelijk

bonito / feo

begin / einde

principio / fin

groot / klein

grande / pequeño

licht / donker

claro / oscuro

broer / zus

hermano / hermana

schoon / vies

limpio / sucio

volledig / onvolledig

completo / incompleto

dag/ nacht

día / noche

dood / levend

muerto / vivo

breed / smal

ancho / estrecho

eetbaar / oneetbaar

comestible / no comestible

gemeen / aardig

malo / amable

opgewonden / verveeld

entusiasmado / aburrido

dik / dun

gordo / delgado

eerste / laatste

primero / último

vriend / vijand

amigo / enemigo

vol / leeg

lleno / vacío

hard / zacht

duro / blando

zwaar / licht

pesado / ligero

honger / dorst

hambre / sed

ziek / gezond

enfermo / sano

illegaal / legaal

ilegal / legal

intelligent / dom

inteligente / tonto

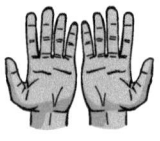

links / rechts

izquierda / derecha

dichtbij / ver

cerca / lejos

nieuw / gebruikt

nuevo / usado

niets / iets

nada / algo

oud / jong

viejo / joven

aan / uit

encendido / apagado

open / gesloten

abierto / cerrado

zacht / luid

silencioso / ruidoso

rijk / arm

rico / pobre

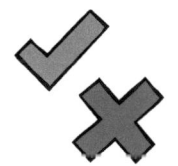

goed / fout

correcto / incorrecto

ruw / glad

áspero / suave

verdrietig / gelukkig

triste / contento

kort / lang

corto / largo

langzaam / snel

lento / rápido

nat / droog

húmedo / seco

warm / koel

cálido / frío

oorlog / vrede

guerra / paz

0	**1**	**2**
nul	één	twee
cero	uno	dos

3	**4**	**5**
drie	vier	vijf
tres	cuatro	cinco

6	**7**	**8**
zes	zeven	acht
seis	siete	ocho

9	**10**	**11**
negen	tien	elf
nueve	diez	once

12	13	14
twaalf	dertien	veertien
doce	trece	catorce

15	16	17
vijftien	zestien	zeventien
quince	dieciséis	diecisiete

18	19	20
achttien	negentien	twintig
dieciocho	diecinueve	veinte

100	1.000	1.000.000
honderd	duizend	miljoen
cien	mil	millón

Engels

inglés

Amerikaans Engels

inglés americano

Chinees Mandarijn

chino mandarín

Hindi

hindi

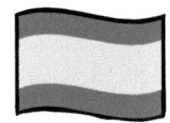

Spaans

español

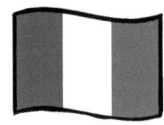

Frans

francés

Arabisch

árabe

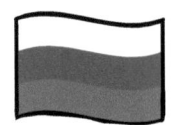

Russisch

ruso

Portugees

portugués

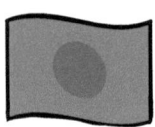

Bengalees

bengalí

Duits

alemán

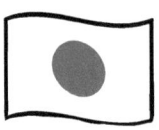

Japans

japonés

ik

yo

jij

tú

hij / zij / het

él / ella / ello

wij

nosotros/as

jullie

vosotros/as

zij

ellos/as

wie?

¿quién?

wat?

¿qué?

hoe?

¿cómo?

waar?

¿dónde?

wanneer?

¿cuándo?

naam

nombre

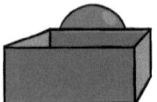

achter

detrás

in

en

voor

delante de

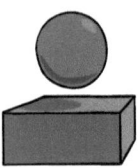

boven

por encima de

op

sobre

onder

debajo de

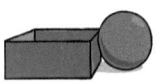

naast

junto a

tussen

entre

plaats

lugar